UN DÍA, UNA CIUDAD, UNA HISTORIA

ERNESTO
RODRÍGUEZ

Colección **Un día en...**

Autor
Ernesto Rodríguez

Coordinación editorial
Pablo Garrido

Redacción
Carolina Domínguez

Diseño y maquetación
Oriol Frias

Traducción
BCN Traducciones

ISBN: 978-84-16273-49-2

Reimpresión: mayo 2016

Impreso en España por Comgrafic

C/ Trafalgar, 10, entlo. 1ª
08010 Barcelona
Tel. (+34) 93 268 03 00
Fax (+34) 93 310 33 40
editorial@difusion.com

www.difusion.com

Fotografías
Cubierta Llorenç Conejo; **p. 4** Ludmilafoto/
Dreamstime.com, Robert/fotolia.com,
Monticelllo/Dreamstime.com, 123ducu/
istockphoto.com, Valleysnow/Dreamstime.
com, Therion256/istockphoto.com; **p. 5** Sarah
Marchant/Dreamstime.com, Jose Antonio
Sánchez Reyes/Dreamstime.com, Mari79/fotolia.
com, Pojoslaw/Dreamstime.com, Zhang Long/
Dreamstime.com, Ofir Peretz/Dreamstime.com;
p. 6 Iakov Filimonov/Dreamstime.com; p. 10
Sergey Kelin/Dreamstime.com; **p. 12** Laws1964/
Dreamstime.com, Nomadsoul1/Dreamstime.
com, Oleksandr Rogovyy/Dreamstime.com;
p. 14 estivillml/fotolia.com; **p. 15** ToniFlap/
istockphoto.com, Pathastings/Dreamstime.
com, Carlos Soler Martinez/Dreamstime.
com; **p. 16** Patryk Kosmider/istockphoto.com,
Yurolaitsalbert/Dreamstime.com, CaronB/
istockphoto.com, Uptall/Dreamstime.com,
Rermrat Kaewpukdee/Dreamstime.com; **p.
17** Pavlo Burdyak/fotolia.com, Windujedi/
Dreamstime.com, IndianSummer/istockphoto.
com, Andres Rodriguez/Dreamstime.com,
Juan Moyano/Dreamstime.com; **p. 18** J2R/
istockphoto.com; **p. 21** Anthonyce/istockphoto.
com; **p. 22** malivoja/istockphoto.com; **p.
24** Iakov Filimonov/Dreamstime.com; **p. 26**
jsanchez_bcn/istockphoto.com; **p. 27** Juan
Moyano/Dreamstime.com, Michal Krakowiak/
istockphoto.com, snem/istockphoto.com; **p. 28**
Konighaus1/Dreamstime.com, brunobello/fotolia.
com, Audiepaudie/Dreamstime.com, Photo168/
Dreamstime.com, tarasov_vl/fotolia.com, Bradley
Schroeder/flickr.com; **p. 29** Alexey Stiop/
Dreamstime.com, Denys Sayenko/Dreamstime.
com, Voyagerix/fotolia.com, Anke Van Wyk/
Dreamstime.com, Laiotz/fotolia.com, Smileus/
Dreamstime.com, Ivanbastien/Dreamstime.
com; **p. 30** Iakov Filimonov/Dreamstime.com;
p. 31 Tatyana Vychegzhanina/Dreamstime.com;
p. 32 nickos/fotolia.com; **p. 34** Arseniy Rogov/
Dreamstime.com; **p. 36** Vitalyedush/Dreamstime.
com; **p. 38** Karol Kozlowski/Dreamstime.com;
p. 39 marimbajlamesa/flickr.com, Nobilior/
Dreamstime.com, akov Filimonov/Dreamstime.
com; **p. 40** Rui Matos/Dreamstime.com,
Alessandro0770/Dreamstime.com, Vkoletic/
Dreamstime.com; **p. 41** Trak/Dreamstime.com,
lamax/fotolia.com, Elena Volkova/Dreamstime.
com; **p. 42** Anastasia Shiler/Dreamstime.com; **p.
44** Alvaro German Vilela/Dreamstime.com; **p. 45**
Auditoribarcelona; **p. 46** Vlad Ghiea/Dreamstime.
com; **p. 48** Iakov Filimonov/Dreamstime.com,
Maxim Blinkov/Dreamstime.com, David Baron/
flickr.com, Toniflap/Dreamstime.com, Sergey
Zavalnyuk/Dreamstime.com, Halfpoint/fotolia.
com; **p. 50** Patrick Poendl/Dreamstime.com; **p. 51**
Toniflap/Dreamstime.com, Pere Sanz/Dreamstime.
com, Vladyslav Danilin/Dreamstime.com

Un día en Barcelona

UN DÍA, UNA CIUDAD, UNA HISTORIA

ÍNDICE

¡Comparte tus fotos y vídeos de la ciudad!

#undiaenbarcelona

Audios y soluciones de las actividades en

difusion.com/barcelona.zip

Diccionario visual Capítulo 1

Bebé

Contrabajo

Maleta

Camisa

Pantalón

Fuente

Montaña

Barriga

Timbre

Escaleras

Plaza

Portal

CAPÍTULO 1

Es miércoles, 24 de septiembre. A las once de la mañana, en la plaza de España, Andrea se baja del autobús que viene del aeropuerto. Está muy nervioso porque han perdido su equipaje[1]. Bueno, en realidad no está perdido: ha habido una confusión con su equipaje y ahora está muy lejos de él: todas sus cosas se han ido al Aeropuerto Internacional de Oriente, que está en la Barcelona... ¡de Venezuela!

Andrea no sabe qué hacer. Su mayor problema no es la maleta que han enviado a Venezuela: en ella solo tiene un par de camisas, dos pantalones, ropa interior[2] y algunos objetos poco importantes. El mayor problema es que hay otro objeto rumbo a[3] Latinoamérica que es mucho más importante: su contrabajo. Andrea está hoy en Barcelona porque esta tarde tiene un concierto un

El piromusical

El piromusical es un espectáculo de fuegos artificiales y música que se hace frente a la Fuente Mágica de Montjuic y que cada año cierra las fiestas de la Mercè. Durante la semana de fiestas, por toda la ciudad hay conciertos, espectáculos infantiles y muchas otras actividades.

par de horas antes del piromusical que se va a celebrar. Es el acontecimiento[4] más importante de las fiestas de la Mercé, las fiestas de la ciudad.

La banda con la que Andrea tiene que tocar esta tarde, en realidad, no es la banda de Andrea. Andrea toca en una banda de blues de Madrid que se llama The Bluestation, pero ese no es su trabajo. Andrea es diseñador gráfico[5] en una editorial[6], pero su pasión es la música. Quiere tocar el contrabajo en una gran banda de blues, ser un músico famoso y rico. Por eso, Andrea siempre está buscando su oportunidad. La madre de Andrea es italiana y el padre es argentino. Andrea también es argentino (es de Rosario) pero vive en Madrid desde hace diez años. Su trabajo en las oficinas de la editorial es aburrido, pero Madrid le encanta.

La banda con la que Andrea toca esta tarde, en realidad es la banda de Luis, un amigo, y se llama Orleans Shirt. Ellos también tocan blues y, como Andrea, están buscando una oportunidad para ser famosos. Esta tarde son la segunda banda en actuar en un festival en el Pueblo Español, en la montaña de Montjuic. La contrabajista habitual se llama Laia, pero ha decidido no actuar porque va a ser madre muy pronto y el médico le ha dicho que tiene que estar preparada. Por eso la banda de Luis necesita un contrabajista y por eso Andrea está en Barcelona esta tarde. Durante los últimos días, Andrea ha dedicado todo su tiempo libre a aprender las canciones de Orleans Shirt. Son canciones fáciles, es un concierto que puede estar muy bien… El problema es que ahora no tiene su contrabajo y tampoco tiene su maleta, y está en una ciudad nueva para él. Se siente un poco perdido[7].

UN DÍA EN BARCELONA

En la plaza de España hay mucha gente. Andrea observa con atención el paseo que lleva a la Fuente Mágica de Montjuic, el lugar en el que se celebra el piromusical. Detrás de la fuente hay unas largas escaleras que van hasta el impresionante palacio[8] del Museo Nacional de Arte de Cataluña. Barcelona también le parece una ciudad bonita. Andrea llama por teléfono a Luis.

—¡Hola, Andrea! ¿Ya estás en Barcelona?

—Sí. He llegado hace un rato[9]. Estoy en la plaza de España.

—Perfecto, ahora va nuestro manager a buscarte —dice Luis.

—Luis, tengo un problema.

—¿Un problema? ¿Qué pasa?

—En el aeropuerto me han dicho que mi equipaje se ha ido a la Barcelona de Venezuela —explica Andrea.

—¿Qué me dices? ¡Eso es una tragedia[10]!

—Lo sé —dice Andrea—. Han perdido mi contrabajo.

—Tranquilo, voy a buscar otro contrabajo. Ahora mismo va nuestro manager a por ti. Se llama Álvaro.

—¿Cómo puedo reconocerlo? —pregunta Andrea.

—Él sabe quién eres. No te preocupes —responde Luis—. Llega a la plaza de España en 10 minutos. ¡Nos vemos esta tarde!

Veinticinco minutos después, un hombre alto con el pelo corto y castaño y los ojos azules llega hasta Andrea, que está sentado en unas escaleras que hay en la misma plaza. Andrea está nervioso.

—Hola, Andrea, soy Álvaro. El mánager de Orleans Shirt.

—Llegas tarde… —responde Andrea.

—Lo sé. Lo siento mucho. Hoy es un día muy complicado —responde Álvaro.

Andrea no sabe qué decir, así que sonríe[11].

—He llegado tarde porque he estado buscando un contrabajo. Nosotros normalmente tenemos más instrumentos, pero esta vez no tenemos otro contrabajo. Por eso necesitamos el de Laia —dice Álvaro.

—No me puedo creer todo esto.

—Sí, es un desastre. Lo siento. He llamado por teléfono a Laia, pero no contesta. Vive muy cerca de aquí, así que ahora vamos a ir su casa a pedirle el contrabajo, ¿vale?

—De acuerdo —responde Andrea—. Ya veo que no es un buen día para *Orleans Shit*.

—No, *shit* no, *shirt. Shirt* de *T-shirt*, de camiseta, ¿vale?

—Vale.

—Tengo que explicarlo siempre... —dice Álvaro.

Laia vive en un piso del Raval, en el casco antiguo[12] de la ciudad. El Raval es un barrio[13] muy especial. Allí viven personas de todas las nacionalidades y se pueden encontrar restaurantes y tiendas de todas las culturas, locales *underground* y todo tipo de artistas. Andrea y Álvaro han llegado al piso de Laia caminando por el Paralelo, una calle principal de la ciudad que está llena de teatros (hay incluso un cabaret). Después han callejeado[14] hasta la Rambla del Raval, donde está el piso de Laia. Cuando pasan por delante de la escultura[15] del gato de Botero, Andrea se ríe.

—¿Pero qué es esto? ¿Un gato gordo? —dice Andrea.

—Todas las figuras de Botero son así. Supongo que todas están gordas —bromea[16] Álvaro.

Álvaro señala el portal de uno de los edificios.

—Ese es el edificio de Laia. Vamos a ver si está en casa y nos puede dejar su contrabajo.

Andrea y Álvaro van hasta el portal y, justo cuando están buscando el timbre al que llamar, la puerta del edificio se abre. De ella sale Laia con un chico, su marido. Salen con mucha prisa[17]. Laia está gritando:

—¡Ahhhhhh! ¡No puedo más!

—¡Tranquila, cariño[18]! ¡Tranquila! —grita su marido.

Ni Laia ni su chico han visto a Álvaro, que se queda de pie[19] mirando junto a Andrea.

—¡Laia! —dice Álvaro.

Laia se detiene y se gira:

—¡¿Qué pasa?! ¡¡¡Aaaaaaaaaaaahhhhhhhhhhhhh!!! —se lleva una mano a la barriga.

—¿Llegamos en mal momento? —pregunta Álvaro.

—¿A ti qué te parece? ¡¡Aaaah!! ¡He roto aguas[20]! —grita Laia.

Ella mira a su chico y dice:

El Gato de Botero

Fernando Botero es un escultor y pintor colombiano famoso por representar personajes muy redondeados. La escultura del gato se encuentra en Barcelona desde 1987, aunque ha estado en otros lugares de la ciudad antes de ser ubicada en la Rambla del Raval.

— Pepe, rápido, llévame al hospital.

—¡Taxi! —grita Pepe a un taxi que pasa por la Rambla del Raval. Álvaro y Andrea caminan hacia el taxi. Álvaro dice:

—¡Pero es que necesitamos un contrabajo para esta noche!

Pero Laia ya está dentro del taxi y no lo oye. Luego, el vehículo se aleja²¹ de allí y, poco a poco, los gritos de dolor de Laia ya no se pueden oír.

Son las doce y media de la mañana de este miércoles, 24 de septiembre. Laia va a traer un bebé a esta ciudad en la que el sol llena de luz y de calor todas las calles. Una nueva vida en la increíble Barcelona, donde siempre pasan muchas cosas a la vez y siempre hay gente yendo de un lado a otro, menos Andrea y Álvaro. En este momento, ellos no se mueven. Están de pie en la Rambla del Raval, pensando: "¿Y ahora dónde podemos encontrar un contrabajo?".

ACTIVIDADES
CAPÍTULO 1

1

Durante sus primeras horas en Barcelona Andrea ha subido varias fotografías a una red social. Relaciona las fotografías con sus pies de foto y sus *hashtags*.

1. Ya estoy en Barcelona. Estoy esperando mi contrabajo... ¡desde hace media hora!
#equipajeperdido #aeropuerto

2. Sin contrabajo y sin paciencia... ¡Esperando otra vez! Al menos las vistas de la plaza son bonitas.
#plazadeespaña #Montjuic #managerperdido

3. El Raval es un barrio fantástico y con extraños animales.
#Botero #Raval #buscandoalaia

2

Responde a las siguientes preguntas con tus propias palabras.

¿Qué ha ocurrido hasta ahora?

¿Qué crees que va a ocurrir después?

3

Aquí tienes una breve biografía de Fernando Botero, pero está desordenada. ¿Puedes ordenarla?

☐ En 1951 se traslada a Bogotá, donde tiene contacto con muchos intelectuales.

☐ Con 26 años se traslada a México y empieza a pintar sus famosas formas redondeadas.

☐ Actualmente expone en los grandes museos del mundo y pueden encontrarse sus esculturas en las ciudades más importantes.

☐ Nace el 19 de abril de 1932 en Medellín, Colombia.

☐ Cuando tiene 16 años realiza su primera exposición en Medellín, su ciudad natal.

Barcelona
LA CIUDAD

Es la segunda ciudad de España en número de habitantes y una de las capitales económicas más importantes del Mediterráneo. También es uno de los destinos turísticos más populares en todo el mundo: más de siete millones de personas visitan la ciudad durante el año. Barcelona es un destino muy popular gracias a su enorme oferta de ocio.

APUNTES
CULTURALES

Barcelona tiene dos importantes montañas: al este se encuentra la montaña de Montjuic y al oeste el Tibidabo, que es el pico más alto de la sierra de Collserola y un límite geográfico de la ciudad.

Barcelona cuenta con más de 4 km de playas muy bien comunicadas y equipadas. Algunas de las más conocidas son la Barceloneta, Bogatell o la Mar Bella, donde existe una zona para practicar el naturismo.

La oferta gastronómica de la ciudad es muy variada. Se pueden encontrar restaurantes para todos los gustos y presupuestos: desde la cocina mediterránea hasta el *brunch* anglosajón o la comida senegalesa.

Existe una gran red de museos. Algunos ejemplos son el MNAC (Museo Nacional de Arte de Cataluña), el Museo Picasso, el MUHBA (Museo de Historia de Barcelona) o el MACBA (Museo de Arte Contemporáneo de Barcelona).

Diccionario
visual Capítulo 2

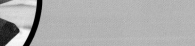

Cuenta

Foco

Taza

Escenario

Chupito

Terraza

Reloj

Billete

Bolsillo

Silla

CAPÍTULO 2

Andrea y Álvaro están sentados en la mesa de una terraza de Las Ramblas, exactamente delante del Gran Teatro del Liceo. Sobre la mesa hay dos tazas de café vacías[1] y la cuenta: el precio de la comida y de los cafés es muy caro. Álvaro dice:

—Dos euros y medio por un café. Es indignante[2].

—Es un poco caro, sí —responde Andrea—. Un poco más que en Madrid.

—Es que en Las Ramblas los precios[3] son muy caros.

Álvaro piensa que la realidad es que la gente de Barcelona no se sienta habitualmente en las terrazas de Las Ramblas a comer. Todo es muy caro y la comida es bastante mala. Están ahí porque Álvaro ha paseado con Andrea por las calles de Barcelona pensando cómo encontrar un contrabajo y, también, buscando un lugar en el que comer.

El Liceo

El Gran Teatro del Liceo (conocido como "el Liceo") es el teatro en activo más antiguo de Barcelona: ofrece conciertos desde 1847. El Liceo está situado en Las Ramblas y hoy en día es uno de los teatros de ópera más importantes del mundo.

—¿Por qué no comemos aquí? —ha dicho Andrea.

—¿Aquí? ¿En Las Ramblas? —ha preguntado Álvaro.

—Sí, aquí, delante del Liceo. Me gusta —ha respondido Andrea.

Un rato después, con la cuenta en la mano, Álvaro saca unos cuantos billetes de su cartera y los deja sobre la cuenta. Luego llama al camarero. El camarero se acerca, coge el dinero y Álvaro le dice:

—Quédate el cambio[4].

—Muchas gracias —responde el camarero.

El camarero se aleja de ellos con el dinero de Álvaro en la mano, que no se siente muy bien por pagar tanto dinero por una mala comida y un café.

El teléfono de Álvaro suena: es su mujer. Él responde:

—¿Sí?

—Álvaro, cariño, tengo un imprevisto[5] en el trabajo y no puedo ir a buscar a Marc al colegio. Tienes que ir tú a por él.

—Pero estoy con Andrea, el chico que viene a tocar con nosotros hoy. Te he hablado de él, ¿te acuerdas? Estamos buscando un contrabajo para el concierto de esta noche —dice Álvaro.

Vuelve el camarero, y dice:

—La casa los invita[6] a un chupito. ¿Les apetece?

—¿Qué es esa voz[7]? —dice la mujer de Álvaro desde el teléfono— ¿Un chupito? ¿Estás bebiendo? ¿A estas horas? ¿Dónde estás, cariño?

—Hemos parado para comer un momento, ahora seguimos buscando el contrabajo.

—No, mi amor. Tú te vas a buscar a tu hijo al colegio, ¿vale? Seguro que tu amigo puede encontrar un contrabajo sin tu ayuda.

—Pero, cariño, es mi trabajo. Si no lo hago, Luis me mata.

—No, cariño, tú eres profesor de música, y esto de la banda es una afición[8], ¿me entiendes? Tu hijo es lo primero, y luego, si puedes, ya te dedicas a eso de ser manager en tu tiempo libre.

Álvaro no encuentra ninguna respuesta. Se siente muy triste. Su mujer dice, unos segundos después:

—Te veo esta noche en el concierto.

Y cuelga el teléfono[9].

Álvaro guarda el teléfono en el bolsillo del pantalón y mira a Andrea, que está observando el Gran Teatro del Liceo con una gran sonrisa en la boca. Ese chico parece feliz por estar en Barcelona. Piensa en cómo decirle que va a dejarlo solo en esa ciudad que no conoce.

Andrea se gira hacia Álvaro.

—¿Qué pasa? ¿Va todo bien?

Álvaro mira su reloj. Todavía no son las dos de la tarde. Piensa que todavía tiene tiempo para recoger a su hijo del colegio y conseguir un contrabajo. ¡Ha superado situaciones mucho peores que esa! Andrea lo mira expectante[10].

—Andrea, tengo que solucionar un asunto familiar[11] y luego voy a encontrar tu contrabajo. ¿Por qué no intentas relajarte[12] antes del concierto? ¿Conoces Montjuic? Puedes ir y conocer aquella zona de la ciudad, es muy bonita. El concierto de esta noche es allí.

—¿Y mi contrabajo?

—Confía en mí[13] —dice Álvaro, guiñándole un ojo[14].

Son las tres menos cuarto de la tarde de este miércoles, 24 de septiembre. Faltan solo cuatro horas para la actuación de Orleans Shirt en el Pueblo Español. Andrea no confía en Álvaro. Piensa que ese hombre no va a encontrar un contrabajo para él. Piensa en el suyo que, en este momento, está volando sobre el océano Atlántico, rumbo a Venezuela.

Andrea ha cogido el metro desde la estación de Liceu hasta la de Espanya y ha caminado hasta la fuente de colores. Allí ha preguntado a un turista alemán dónde está el Pueblo Español y el hombre se lo ha explicado muy bien. Sigue las instrucciones del turista y llega hasta el Pueblo Español. Enseña la acreditación[15] que le ha dado Álvaro unas horas antes y busca a los demás chicos de la banda, pero no los ve. Se acerca hasta el escenario y encuentra a un hombre que parece el técnico de sonido[16].

—Soy amigo de Álvaro, me llamo Andrea y, aunque soy argentino, toco el contrabajo en una banda de Madrid. Esta noche voy a sustituir a Laia, pero no tengo contrabajo porque la

Lenguas oficiales

En Cataluña existen dos lenguas oficiales: el catalán y el español o castellano. Las señalizaciones, los nombres de estaciones de transporte público y los nombres de calles o plazas están escritos en catalán.

compañía aérea ha enviado mi equipaje a la Barcelona de Venezuela. Álvaro y yo hemos ido a casa de Laia a pedirle su contrabajo, pero cuando hemos llegado ella se ha ido al hospital. Álvaro ha tenido que irse y yo no tengo instrumento.

—Vale, muy bien. Pues yo soy de Burgos y no sé de qué me estás hablando —responde el hombre al que Andrea ha explicado todo eso, que no es técnico de sonido, sino un turista.

—Disculpe, señor. Es que usted tiene cara de ser técnico de sonido —responde Andrea.

—Pues no, soy profesor —dice el señor, y se aleja de allí.

Andrea mira al escenario y ve que hay unos técnicos de luz[17] preparando los focos. Ninguno de ellos conoce a los músicos de Orleans Shirt. ¿Cómo es posible? Es una tarde muy importante, es su gran oportunidad de saltar a la fama[18] y nadie en esa banda está preparado. ¿Orleans Shirt? ¡No! ¡*Orleans Shit*!

El Pueblo Español

El Pueblo Español es un museo arquitectónico al aire libre que está en la montaña de Montjuic. En él se pueden ver representadas las construcciones típicas de diferentes regiones españolas gracias a reproducciones de edificios reales.

Andrea entiende que esa banda, en esos momentos, tiene problemas más importantes que no tener un contrabajo.

Finalmente se sube al escenario. Algunos turistas japoneses le hacen fotografías. Andrea mira a su alrededor y grita:

—¡¿Hay por aquí alguien de la banda Orleans...?! *Shirt...* ¡Necesito ayuda!

Andrea se sienta desesperado[19]. Son las tres y diez minutos del miércoles. Faltan menos de cuatro horas para empezar la actuación y en el escenario solo hay un músico: Andrea. "Si esta noche hay una actuación aquí y todo funciona[20] correctamente, será algo mágico", piensa él.

ACTIVIDADES
CAPÍTULO 2

Completa este texto sobre el Gran Teatro del Liceo con el verbo adecuado en cada caso.

han obligado | **ha sido** | **es** (x2) | **está** | **tiene** | **ha sufrido**

El Gran Teatro del Liceo _____ el teatro en activo más prestigioso de Barcelona. _____ en Las Ramblas, que _____ una de las calles más famosas de la ciudad. Este teatro _____ mucha historia: desde 1847 _____ el escenario de las mejores óperas del mundo y también _____ dos grandes incendios que _____ a su total reconstrucción.

¿Qué ha ocurrido hasta ahora? Indica si la siguiente información es verdadera (✓) o falsa (✗).

1. La compañía aérea solo ha perdido el contrabajo de Andrea. ☐

2. El manager de Orleans Shirt se llama Álvaro. ☐

3. Esta noche se celebra el final de las fiestas de La Mercè. ☐

4. Andrea ha conseguido el contrabajo de Laia. ☐

5. El trabajo de mánager de Álvaro es una afición. ☐

6. Álvaro no tiene hijos. ☐

7. Andrea cree que Álvaro va a solucionar su problema. ☐

8. Andrea no encuentra a otros músicos en el Pueblo Español. ☐

Momentos de cambio

BARCELONA EVOLUCIONA

Durante su historia más reciente, Barcelona ha vivido tres grandes momentos de transformación: la Exposición Universal de 1888, la Exposición Internacional de 1929 y los Juegos Olímpicos de 1992.

APUNTES
CULTURALES

Exposición Universal de 1888: durante su preparación Gaudí diseña el sistema hidráulico de la cascada monumental. Otras novedades son el Arco del Triunfo o el monumento a Cristóbal Colón.

Gracias a la primera de las dos Exposiciones Universales que se han celebrado en Barcelona, la ciudadela militar se convierte en un parque para la ciudad: el parque de la Ciudadela.

Exposición Internacional de 1929: muchas de sus construcciones están en Montjuïc y en la plaza de España, como la Fuente Mágica, los edificios del Teatre Lliure, el Pueblo Español o el pabellón de Mies van der Rohe.

Juegos Olímpicos de 1992: a partir de 1992, Barcelona pasa de ser una ciudad industrial a ser un destino turístico conocido en todo el mundo. El Estadio Olímpico y el Palau Sant Jordi son dos de sus instalaciones más famosas.

Diccionario visual Capítulo 3

Escalón

Parada de autobús

Ola

Carretera

Jardín

Castillo

Saxofón

Coleta

Banco

Sombra

Árbol

Collar

Curva

CAPÍTULO 3

Sobre el escenario vacío, Andrea decide tirar la toalla[1]. Piensa que no puede hacer nada más para conseguir el contrabajo. No conoce la ciudad, no conoce a nadie más que a Luis y a Álvaro, que ha desaparecido.

Se baja del escenario y empieza a caminar por aquella zona. Está en la falda de la montaña[2] de Montjuic. A lo lejos, por la carretera, ve acercarse un autobús. Tiene un cartel[3]: *Direcció Castell de Montjuic*. Andrea corre hacia la parada del autobús. Un instante después, llega el autobús y se sube en él. No sabe hacia dónde va, pero no quiere estar allí, no quiere volver a ver ese escenario si no tiene un contrabajo.

Unos minutos después, Andrea se baja del autobús en el castillo de Montjuic. Por el camino, ha visto algunas instalaciones deportivas de los Juegos Olímpicos de 1992, como el Palau Sant Jordi o el

El castillo
de Montjuic

El castillo de Montjuic es un edificio militar que está en el punto más alto de la montaña. Las primeras construcciones militares en esa zona son del año 1640. Por esta razón, el castillo de Monjuic ha sido un lugar importante en muchos momentos de la historia de la ciudad.

Estadio Olímpico, también ha visto algunos jardines muy bonitos y el perfil de la ciudad[4] de Barcelona.

El castillo de Montjuic está en la cima[5] de la montaña. Andrea no puede creer lo que ve: la ciudad entera crece sobre la sierra de Collserola, donde está el Tibidabo, la hermana mayor de Montjuic. Una montaña mira de frente a la otra.

El perfil de Barcelona tiene algunos símbolos: las torres[6] modernistas de la Sagrada Familia, la divertida forma de la torre Agbar, las dos torres gemelas de la Villa Olímpica, que son como una puerta de entrada al mar. El mar es de color azul oscuro. Es un mar tranquilo, con pocas olas. Son las cuatro menos cuarto de la tarde del miércoles, y la temperatura es de unos veinte grados. Hace un poco de viento[7], pero es una sensación muy agradable para Andrea.

Andrea cierra los ojos y respira profundamente[8]. El viento le acaricia[9] la cara. En dos horas tiene que estar en el escenario con un contrabajo, y ahora mismo no sabe ni cómo llegar al escenario. Pero todo eso no le parece importante.

El parque natural de Collserola

El parque de Collserola limita con la ciudad de Barcelona y es su zona verde más grande. El Tibidabo es el pico más alto del parque y es famoso por sus vistas sobre la ciudad, su iglesia, su parque de atracciones y su torre de telecomunicaciones.

A las cuatro y media de la tarde, Andrea está sentado en uno de los escalones del Teatro Griego de Montjuic. Este teatro está en una zona poco conocida de la montaña, por eso es casi un secreto[10]. Cuando Andrea ha visto el Teatro Griego ha parado de caminar y se ha sentado allí.

Coge su teléfono móvil y llama a Álvaro.

—¿Sí? —responde Álvaro.

—Álvaro, soy Andrea. ¿Has encontrado ya un contrabajo?

—Estoy trabajando en ello, no te preocupes.

Andrea piensa que Álvaro no está diciendo la verdad y que no va a encontrar su contrabajo. No responde nada.

—¿Dónde estás, Andrea? —pregunta Álvaro.

—En Montjuic, sentado en un teatro griego.

—Ah, el *Teatre Grec*, lo conozco. Es muy bonito.

—¡Sí! Esta montaña es...

—... es mágica, sí —dice Álvaro—. Oye, te dejo, que tengo que hacer algunas cosas. Una es encontrar un contrabajo...

El Teatro Griego

El Teatro Griego de Montjuic se construye en el año 1929 con motivo de la Exposición Internacional. Tiene una capacidad aproximada de 2000 personas y es el escenario principal del festival Grec, uno de los más importantes de la ciudad.

—¿Estás seguro de que vas a encontrarlo? —pregunta Andrea.

Álvaro suspira[11], nervioso. Luego, dice:

—Yo no estoy seguro de nada, Andrea. Pero tampoco puede ser tan difícil. Solo es un contrabajo, no es la Luna. Tiene que haber otros contrabajos en la ciudad.

—Quizás lo encuentro yo —dice Andrea.

—Si encuentras un contrabajo, sería algo...

—¿Mágico? —pregunta Andrea.

—Sí, mágico. Exacto —sonríe Álvaro—. Hablamos luego, ¿de acuerdo?

—Álvaro... —dice Andrea, pero Álvaro ya ha colgado el teléfono.

La luz del anochecer[12] es de color naranja. Andrea se levanta de su escalón y sale del Teatro Griego. Pasea por los jardines que hay alrededor del teatro: hay fuentes con bancos alrededor. Una chica que está tocando un saxofón pasa por la carretera que sigue el perfil de la montaña. Andrea la sigue con la mirada[13]. Reconoce la música que está tocando: es de una de las canciones de Orleans Shirt. La ha tocado mil veces durante los últimos tres días. Andrea grita:

—¡Hola! ¿Eres de la banda?

Pero la chica no oye a Andrea. Ella solo camina y toca el saxofón. Andrea sale del parque y llega a la carretera. La chica camina diez metros por delante de él. La música de su saxofón es suave[14] y dulce[15]. Andrea decide seguir a la chica sin decir nada. Seguir la música le parece la mejor idea en este momento.

La chica del saxofón tiene el pelo castaño, largo y liso, y lo lleva recogido en una coleta. Lleva un bonito vestido negro, muy elegante, y un collar también negro. ¿Adónde va? A diez metros de ella, como una sombra, camina Andrea. Ha pensado tanto en encontrar un contrabajo que se ha olvidado de encontrar la ropa para esta noche. Piensa que quizás no es muy importante, y que los fans no van a mirar su ropa. Los fans. Le encanta la idea de tener fans.

Son las cinco en punto de la tarde del miércoles. En menos de dos horas Andrea tiene que estar con un contrabajo en un lugar de esta ciudad que no sabe dónde está, pero eso no le parece un problema. Ahora mismo está paseando por una montaña mágica. Está hipnotizado[16] por la música de un saxofón. Andrea piensa que esa montaña tiene muchos secretos e historias. Piensa que en sus muchos jardines se han dado muchos primeros y últimos besos. Piensa que por sus instalaciones deportivas han pasado algunos de los más importantes deportistas de la historia.

Las Arenas de Barcelona

Esta antigua plaza de toros siutuada en la plaza de España se construye en el año 1900 y deja de utilizarse en 1977. En marzo de 2011 se abre al público como centro comercial.

A un lado y a otro de la carretera Andrea solo ve árboles y plantas. Después de una curva, la chica del saxofón y él llegan a la entrada del Museo Nacional de Arte de Cataluña. El edificio es el Palacio Nacional diseñado para la Exposición Internacional de 1929. Desde su entrada, se puede ver la Fuente Mágica, las torres venecianas, la plaza de España, la plaza de toros de las Arenas y el resto de la ciudad sobre Collserola. Muchos turistas se sientan en los escalones delante de la entrada para disfrutar[17] de las vistas[18]. Por eso, es normal encontrar artistas en las puertas del MNAC, llamando la atención[19] de los turistas: como pintores o músicos.

Andrea solo mira a la chica del saxofón. Ella se detiene delante de los escalones y habla con una banda de músicos callejeros[20] que piden dinero a los turistas. En ese momento, Andrea entiende que no hay ninguna duda de que esa montaña es mágica: uno de los músicos tiene un contrabajo.

ACTIVIDADES
CAPÍTULO 3

Torre Agbar — Sagrada Familia —

Observa la fotografía de Barcelona y completa las frases.

1. A la derecha de la Sagrada Familia están --

2. A la izquierda de la Sagrada familia está --

3. ------------------------------- está entre las torres Mapfre y la torre Agbar.

4. La torre Agbar está más cerca de ---

que de ---

Torres Mapfre

2

¿Qué sabes sobre Barcelona? Busca en internet y completa esta ficha. Después escribe tu opinión sobre la ciudad.

Barcelona

Número de habitantes: _____ *Nombre del aeropuerto:* _____

Lugares de interés turístico:

_____   _____

_____   _____

Tu opinión:

_____

_____

Iconos
LOS SÍMBOLOS
DE LA CIUDAD

Barcelona destaca por sus numerosos
símbolos, monumentos y rincones.
Quienes visitan la ciudad pueden
disfrutar de todas sus caras.

APUNTES
CULTURALES

Las torres de la Sagrada Familia no son lo único que destaca en el perfil de la ciudad. La torre Agbar, las torres Mapfre, el hotel Vela, el castillo de Montjuic y la torre de Telefónica son otros de los iconos más representativos de Barcelona.

Caminando por las calles de la ciudad puede verse su pasado modernista en edificios como el Palau de la Música y el Hospital de Sant Pau, de Domènech i Muntaner, o la Casa Amatller, de Puig i Cadafalch.

La llamada *Barcelona de Gaudí* es uno de los reclamos turísticos de la ciudad, con construcciones como la Pedrera (Casa Milá), la Casa Batlló, el parque Güell o la Sagrada Familia, todavía en construcción.

Barcelona está llena de sorpresas para sus visitantes: la plaza de Sant Felip Neri, los jardines de la universidad, *El Gato* de Botero, el Teatro Griego o los jardines del Palacio Real. Estas son algunas, ¡pero tiene muchas más!

Diccionario
visual Capítulo 4

Traje

Batería

Baquetas

Orquesta

Ramo
de flores

Fuegos artificiales

CAPÍTULO 4

—¡Hola, Clara! ¿Qué haces aquí? —pregunta uno de los músicos de la puerta del MNAC a la saxofonista.

—Estoy practicando antes del concierto de esta tarde. He dado un paseo por la montaña: así me concentro[1] mejor.

—Ahí hay un chico que nos está mirando —dice el músico que tiene el contrabajo.

Clara mira en la dirección que le indica su amigo y ve a Andrea.

—Creo que le gustas —dice el chico del contrabajo—. Pero recuerda que a mí me gustas más.

—Ya, me lo dices todo el rato[2] —dice Clara.

Andrea se acerca a ellos. El chico del contrabajo le dice a Clara:

—¿A él sí que le vas a dar tu número de teléfono?

—Para ya[3] —dice Clara.

MNAC

El Museo Nacional de Arte de Cataluña (MNAC) tiene su sede principal en el Palacio Nacional, un edificio situado en la montaña de Montjuic y construido para la Exposición Internacional de 1929.

Andrea llega hasta el grupo y le dice a Clara:

—Perdona, te he seguido por Montjuic porque creo que eres de los Orleans Shirt. Esta noche toco con vosotros y estoy en la ciudad y no conozco a nadie. Solo conozco a Luis y a Álvaro, y Álvaro ha desaparecido por asuntos familiares.

—¿Álvaro, el mánager? —pregunta Clara, la saxofonista.

—Sí. Ese mismo.

—¿Y tú eres…?

—Andrea, el contrabajista sin contrabajo.

Todos los músicos se ríen.

—Es una larga historia: ahora mismo mi contrabajo tiene que estar en Venezuela, o casi —dice Andrea.

—No entiendo nada —dice Clara.

—Yo tampoco. Pero tienes que creerme: toco con vosotros en el concierto de esta noche. Te he seguido porque he reconocido la melodía[4]. Es de una de vuestras canciones.

—Sí —dice Clara.

Andrea le habla al músico que tiene el contrabajo.

—Necesito un contrabajo. Es muy urgente[5]. Si me dejas tu contrabajo, vas a salvar el culo[6] de mucha gente esta tarde.

El músico mira a sus amigos. No sabe qué hacer.

—Pero este contrabajo no es muy bueno —dice el músico.

—¿Bromeas? —responde Andrea— Es un contrabajo estupendo[7], ¿puedes dejármelo?

—¿Y tú qué me das a cambio[8]?

Andrea no sabe qué responder. No tiene nada para ofrecer[9]. Finalmente, Clara la saxofonista dice algo:

—Si le dejas tu contrabajo, yo te doy mi número de teléfono.

—¡Voy a tener el teléfono de Clara! —grita el chico del contrabajo. Los otros músicos se ríen—. ¡Y también tienes que cenar conmigo!

—De acuerdo… —dice ella.

Todo el mundo aplaude[10]. El chico del contrabajo se ríe y Andrea, por fin, encuentra la manera de hacer su trabajo esta noche.

Un rato después, Andrea ya está en el escenario. Se ha encontrado con Luis hace unos minutos. Cuando se han encontrado, Luis le ha dicho:

—Álvaro ha pasado por mi casa y me ha dado esto para ti.

Luis le da a Andrea un traje para el concierto y un contrabajo. Un contrabajo bastante malo, pero un contrabajo. Andrea piensa que el mánager aficionado[11] tiene alma[12] de mánager profesional. Piensa que esta banda, los Orleans Shirt, quizás sí que pueden llegar a ser estrellas[13], al final. Quién sabe.

La plaza de España

Es construida para la Exposición Internacional de 1929. Es la segunda plaza más grande de España y en ella se encuentran edificios tan importantes como la Feria de Muestras, el MNAC, el centro comercial Las Arenas, el Hotel Plaza o las torres venecianas de Ramon Reventós.

—Pues ahora tenemos dos contrabajos —ha dicho Andrea, enseñándole a Luis el contrabajo del músico del MNAC.

—¿Cuál prefieres? —ha preguntado Álvaro.

—Quiero usar este que he conseguido yo. Seguro que voy a disfrutar mucho con él.

Son las siete en punto de la tarde en un escenario en el Pueblo Español, en la montaña de Montjuic. El batería de la banda de blues Orleans Shirt hace sonar las baquetas cuatro veces: uno, dos, tres, cuatro. Empieza el concierto. Los fans gritan. Y Álvaro no ha aparecido…

Son las 21:50 horas del miércoles, 24 de septiembre. El concierto de Orleans Shirt ha sido un éxito. Después de la actuación, los miembros de la banda han felicitado a Andrea por su trabajo. Clara, la chica del saxofón, le ha dado también su número de teléfono. Está muy claro que a esta le chica le gustan más unos contrabajos que otros.

La Orquesta sinfónica de Barcelona

La Orquesta Sinfónica de Barcelona y Nacional de Cataluña es la orquesta sinfónica estable más importante de Cataluña y una de las más importantes de España.

Ahora la banda está en la plaza de España. El paseo María Cristina está hasta la bandera[14]. Hay personas hasta donde puede ver Andrea. El cielo es azul oscuro. Álvaro no aparece.

Solo quedan 5 minutos para las 10 en punto de la noche cuando, por fin, un foco de luz ilumina[15] el escenario donde la orquesta sinfónica de la ciudad va a tocar esta noche.

—Imaginaos: nosotros tocando en ese escenario —dice Luis.

—Blues en el piromusical, es una gran idea —responde Clara.

Algunos músicos de la banda se ríen. Una voz responde:

—Bien, voy a intentarlo, pero no puedo garantizar nada.

Todos los músicos se giran hacia la voz. Es Álvaro, que llega hasta ellos caminando entre toda la gente que hay en la plaza.

—¿Dónde has estado? —le pregunta Luis.

—Vengo del hospital —responde Álvaro—. He ido a ver a Laia y a llevarle un ramo de flores. Ya ha tenido a su bebé —sonríe Álvaro.

La Fuente Mágica de Montjuic

La Fuente Mágica de Montjuic se construye para la Exposición Internacional de 1929. En los años 80 se incorpora la música al espectáculo de luz y agua.

—¡Qué bien! —responde Clara.

—¿Es niño o niña? —pregunta otro de los músicos.

—Niña —responde Luis.

—¿Y cómo se va a llamar? —pregunta Andrea.

—Como su abuela: Andrea.

Y todos echan a reír. También Andrea.

Son las diez en punto de la noche. La Fuente Mágica de Montjuic enciende sus luces. Una gran explosión[16] de agua, de luz y de fuegos artificiales. Todo el mundo aplaude como loco. Empieza el espectáculo.

FIN

ACTIVIDADES
CAPÍTULO 4

①

Durante este día loco, Andrea ha colgado varias
fotografías en una red social. Relaciona cada una
con el pie de foto correspondiente.

1. ¡He conocido al gato con más sobrepeso de la historia! **#miau**
#gato

2. ¡En Barcelona hay tiendas de todo tipo! ¡Una tienda de guitarras!
¡Pero no tienen contrabajos! **#quierocomprar #elraval**

3. Aquí, esperando en una escalera a un mánager que llega tarde.
#problemas #plazadeespaña

4. No me puedo creer lo que veo: esto es una maravilla. **#ilovebcn #paisaje #castillodemontjuic**

5. Esta montaña tiene muchas sorpresas. **#música #teatrogriego #jardines**

6. No es como el mío, pero es suficiente. **#contrabajo #concierto #estoesmágico**

2

¿Qué palabras o expresiones de *Un día en Barcelona* quieres recordar? Escríbelas.

Turismo
PARA TODOS LOS GUSTOS

Las excusas para visitar Barcelona
pueden ser muy diferentes, por eso
hay muchos tipos de turismo: desde
el turismo de excursiones organizadas
hasta el de mochilero. Todos los tipos
de turismo son bien acogidos.

APUNTES
CULTURALES

Para los turistas con un interés cultural, además de muchos museos, la ciudad tiene preparadas diferentes rutas: quienes quieren saber más sobre modernismo pueden comenzar en el parque Güell y después visitar el resto de edificios modernistas de la ciudad.

Algunos escogen el turismo de novela. Por ejemplo, los fans del superventas *La sombra del viento* pueden caminar por las calles y los escenarios en los que ocurre su historia.

Algunos escogen el turismo de fiesta, de playa y chiringuito, ya que el clima de la ciudad es agradable y la oferta de restaurantes, bares y discotecas es enorme.

Otros van a esta ciudad por trabajo. En los últimos años, Barcelona se ha especializado en acoger grandes congresos, como el Mobile World Congress, que cada año atrae a más de 90 000 visitantes en solo cuatro días.

GLOSARIO

CAPÍTULO 1

CASTELLANO	INGLÉS	FRANCÉS	ALEMÁN	NEERLANDÉS
1. Equipaje	Luggage	Bagages	Gepäck	Bagage
2. Ropa interior	Underwear	Sous-vêtements	Unterwäsche	Ondergoed
3. Rumbo a	Heading for	Direction	Auf dem Weg nach	Richting
4. Acontecimiento	Event	Événement	Event	Gebeurtenis
5. Diseñador/-a gráfico/-a	Graphic Designer	Concepteur/-trice graphique	Grafikdesigner/in	Grafisch ontwerp(st)er
6. Editorial	Publishing House	Maison d'édition	Verlag	Uitgeverij
7. Sentirse perdido/-a	Feel lost	Se sentir perdu/-e	Sich verloren fühlen	Zich verloren voelen
8. Palacio	Palace	Palais	Palast	Paleis
9. Rato	While	Moment	Weile	Poosje
10. Tragedia	Tragedy	Tragédie	Tragödie	Drama
11. Sonreír	Smile	Sourire	lächeln	Glimlachen
12. Casco antiguo	Old Town	Centre historique	Altstadt	Oude centrum
13. Barrio	Neighborhood	Quartier	Viertel	Wijk
14. Callejear	Walk	Courir les rues	Bummeln	Rondslenteren
15. Escultura	Sculpture	Sculpture	Skulptur	Beeld
16. Bromear	Joke	Plaisanter	Scherzen	Schertsen
17. Prisa	Hurry	Hâte	Eile	Haast
18. Cariño	Darling	Chérie	Liebling	Lieverd
19. De pie	Standing	Debout	Stehen bleiben	Staand
20. Romper aguas	Break waters	Perdre les eaux	Fruchtblase platzen	Vliezen breken
21. Alejarse	Drive away	S'éloigner	Sich entfernen	Zich verwijderen

CAPÍTULO 2

CASTELLANO	INGLÉS	FRANCÉS	ALEMÁN	NEERLANDÉS
1. Vacío/-a	Empty	Vide	Leer	Leeg
2. Indignante	outrageous	révoltant	Unerhört	Schandelijk
3. Precio	Price	Prix	Preis	Prijs
4. Cambio	Change	Monnaie	Wechselgeld	Wisselgeld
5. Imprevisto	Unexpected event	Imprévu	Unvorhersehbares	Onvoorziene omstandigheid
6. Invitar	Invite	Inviter	Einladen	Trakteren
7. Voz	Voice	Voix	Stimme	Stem
8. Afición	Hobby	Loisir	Hobby	Hobby
9. Colgar el teléfono	Hang up	Raccrocher le téléphone	Auflegen	De telefoon ophangen
10. Expectante	Expectantly	Expectant	Abwartend	Afwachtend
11. Asunto familiar	Family affair	Affaire familiale	Familienangelegenheit	Familieaangelegenheid
12. Relajarse	Relax	Se délasser	Sich entspannen	Zich ontspannen
13. Confiar en alguien	Trust in somebody	Faire confiance à quelqu'un	Jemandem vertrauen	Op iemand vertrouwen
14. Guiñar un ojo	Wink	Faire un clin d'œil	Zwinkern	Knipogen
15. Acreditación	Accreditation	Accréditation	Akkreditierung	Toelatingsbewijs
16. Técnico/-a de sonido	Sound technician	Technicien/-ne de son	Tontechniker/in	Geluidstechnicus/a
17. Técnico/-a de luz	Lighting technician	Technicien/-ne d'éclairage	Lichttechniker/in	Lichttechnicus/a
18. Saltar a la fama	Get famous	Devenir célèbre	Berühmt werden	Beroemd worden
19. Desesperado/-a	In desperation	Désespéré/e	Verzweifelt	Wanhopig
20. Funcionar	Work	Fonctionner	Funktionieren	Functioneren

CAPÍTULO 3

CASTELLANO	INGLÉS	FRANCÉS	ALEMÁN	NEERLANDÉS
1. Tirar la toalla	Throw in the towel	Jeter l'éponge	Das Handtuch werfen	Het bijltje erbij neerleggen
2. Falda de la montaña	Mountainside	Versant de la montagne	Fuß des Berges	Helling van de berg
3. Cartel	Poster	Panneau	Schild	Aanplakbiljet
4. Perfil de la ciudad	Skyline	Profil de la ville	Skyline der Stadt	Profiel van de stad
5. Cima	Top	Sommet	Spitze	Top
6. Torre	Tower	Tour	Turm	Toren
7. Viento	Wind	Vent	Wind	Wind
8. Respirar profundamente	Breathe deeply	Respirer profondément	Tief einatmen	Diep ademen
9. Acariciar	Caress	Caresser	Streicheln	Strelen
10. Secreto	Secret	Secret	Geheimnis	Geheim
11. Suspirar	Sigh	Soupirer	Seufzen	Zuchten
12. Anochecer	Dusk	Tombée de la nuit	Abenddämmerung	Schemering
13. Mirada	Gaze	Regard	Blick	Blik
14. Suave	Soft	Suave	Weich	Zacht
15. Dulce	Sweet	Douce	Sanft	Aangenaam
16. Hipnotizado/-a	Hypnotized	Hypnotisé/-e	Hypnotisiert	Gehypnotiseerd
17. Disfrutar	Enjoy	Profiter	Genießen	Genieten
18. Vistas	Views	Vues	Ausblick	Uitzicht
19. Llamar la atención de alguien	Attract someone's attention	Attirer l'attention de quelqu'un	Jemandes Aufmerksamkeit auf sich ziehen	De aandacht van iemand trekken
20. Músicos callejeros	Buskers	Musiciens de rue	Straßenmusiker	Straatmuzikanten

CAPÍTULO 4

CASTELLANO	INGLÉS	FRANCÉS	ALEMÁN	NEERLANDÉS
1. Concentrarse	Concentrate	Se concentrer	Sich konzentrieren	Zich concentreren
2. Todo el rato	All the time	Tout le temps	Die ganze Zeit	De hele tijd
3. Para ya	Stop it!	Arrête un peu	Hör auf damit	Onmiddellijk
4. Melodía	Melody	Mélodie	Melodie	Melodie
5. Urgente	Urgent	Urgent	Eilig	Dringend
6. Salvar el culo de alguien	Save someone's ass	Sauver la mise à quelqu'un	Jemandem den Arsch retten	Het hachje van iemand redden
7. Estupendo	Great	Génial	Hervorragend	Geweldig
8. Dar algo a cambio	Give something in return	Donner quelque chose en échange	Etwas im Gegenzug für etwas geben	Iets in ruil geven
9. Ofrecer	Offer	Offrir	Anbieten	Bieden
10. Aplaudir	Clap	Applaudir	Applaudieren	Applaudisseren
11. Aficionado	Amateur	Amateur	Amateur	Amateur-
12. Tener alma de	Have the makings of	Être [ ] dans l'âme	Eine Seele haben wie	Het hart hebben van
13. Ser una estrella	Be a star	Être une vedette	Ein Star sein	Een ster zijn
14. Estar hasta la bandera	Chock-a-block	Être plein à craquer	Rammelvoll sein	Afgeladen zijn
15. Iluminar	Light up	Éclairer	Erleuchten	Verlichten
16. Explosión	Explosion	Explosion	Explosion	Explosie

Barcelona
LA CIUDAD
.... **p.14-15**

Barcelona
THE CITY

It is the second largest city in Spain in population and one of the major economic capitals of the Mediterranean. It is also one of the most popular tourist destinations in the world: more than 7 million people visit the city during the year. Barcelona is a very popular destination thanks to its huge range of leisure activities.

Barcelona has two major mountains: the mountain of Montjuic to the east and Tibidabo to the west, which is the highest peak of the Sierra de Collserola and a geographical boundary of the city.

Barcelona has more than 4 km of very easily accessible beaches with all the amenities. Some of the best known are the Barceloneta, Bogatell and Mar Bella, which includes a nudist area.

The city's cuisine is very diverse. You can find restaurants for all tastes and budgets: from Mediterranean cuisine to an English brunch or Senegalese food.

There is a large network of museums. Some examples are the MNAC (National Museum of Art of Catalonia), the Picasso Museum, the MUHBA (Barcelona History Museum) or the MACBA (Barcelona Museum of Contemporary Art).

Barcelone
LA VILLE

Il s'agit de la deuxième ville d'Espagne en nombre d'habitants et l'une des capitales économiques les plus importantes de la Méditerranée. Elle est également l'une des destinations touristiques les plus populaires dans le monde entier : plus de 7 millions de personnes visitent la ville tous les ans. Barcelone est une destination très populaire grâce à son immense offre de loisirs.

Barcelone a deux grandes montagnes : au sud se dresse la montagne de Montjuïc et à l'ouest le Tibidabo, qui est le plus haut sommet de la montagne de Collserola et une limite géographique de la ville.

Barcelone offre plus de 4 km de plages très bien connectées et équipées. Les plus connues sont la Barceloneta, Bogatell et Mar Bella où se trouve une zone dédiée au nudisme.

L'offre gastronomique de la ville est très variée. On y trouve des restaurants pour tous les goûts et portefeuilles : de la cuisine méditerranéenne au brunch anglo-saxon ou la cuisine sénégalaise.

Il existe un grand réseau de musées. Quelques exemples sont le MNAC (Musée National d'Art de Catalogne), le Musée Picasso, le MUHBA (Musée d'Histoire de Barcelone) ou le MACBA (Musée d'Art Contemporain de Barcelone).

Barcelona
DIE STADT

Barcelona ist nach Einwohnern die zweitgrößte Stadt Spaniens und eines der wichtigsten Wirtschaftszentren des Mittelmeerraums. Sie ist auch eines der beliebtesten Reiseziele der Welt: mehr als 7 Millionen Touristen besuchen die Stadt jedes Jahr. Barcelona ist so beliebt, weil sie über ein enormes Freizeitangebot verfügt.

Die zwei wichtigsten Berge Barcelonas sind: im Süden der Montjuic und an der westlichen Stadtgrenze der Tibidabo, der Höchste Gipfel des Collserola-Gebirges.

Barcelona verfügt über mehr als 4 Km Strand mit guter Verkehrsanbindung und Ausstattung. Einige der bekanntesten Strände sind die Barceloneta, Bogatell und Mar Bella, wo es einen Nudistenbereich gibt.

Das gastronomische Angebot der Stadt ist sehr vielfältig. Es gibt Restaurants für jeden Geschmack und Geldbeutel, von der mediterranen Küche über den Brunch bis zur senegalesischen Spezialitäten.

Es gibt eine große Zahl von Museen. Einige Beispiele sind das MNAC (Museo Nacional de Arte de Cataluña), das Picasso-Museum, das MUHBA (Museo de Historia de Barcelona), das Geschichtsmuseum der Stadt, oder das MACBA (Museo de Arte Contemporáneo de Barcelona), mit zeitgenössischer Kunst.

Barcelona
DE STAD

Barcelona is de tweede stad van Spanje qua inwonertal en een van de financiële hoofdsteden van het Middellandse Zeegebied. Verder is Barcelona een van de populairste reisbestemmingen ter wereld: Ieder jaar bezoeken meer dan 7 miljoen toeristen de stad. Barcelona is een populaire bestemming met zeer veel trekpleisters.

Barcelona ligt ingeklemd tussen twee bergen: ten zuiden bevindt zich de berg Montjuic en ten westen de berg Tibidabo, het hoogste punt van de bergketen Serra de Collserola. Deze bergketen vormt eveneens de geografische grens van de stad.

Barcelona heeft een strand van meer dan vier kilometer lang die van allerlei faciliteiten zijn voorzien en goed op elkaar aansluiten. De bekendste stranden zijn Barceloneta, Bogatell en Mar Bella waarvan een deel een naaktstrand is.

Het gastronomische aanbod is uitgebreid en gevarieerd. Er zijn restaurants voor ieders smaak: Je vindt er uiteraard de plaatselijke keuken maar ook een Engelse brunch of een Senegalese lunch.

Natuurlijk zijn er ook veel musea te vinden. Voorbeelden zijn het MNAC (nationale kunstmuseum van Catalonië), het Picasso-museum, het MUHBA (het historische stadsmuseum) of het MACBA (het museum voor de moderne kunst).

Momentos de cambio
BARCELONA EVOLUCIONA
.... p. 26-27

Times of change
BARCELONA EVOLVES
During its more recent history, Barcelona has undergone times of great transformation. The three occasions that have most changed Barcelona are the World Fairs of 1888 and 1929 and the 1992 Olympics.

With the first of the two World Fairs held in Barcelona, the military citadel became a park for the city: the Ciudadela Park.

1888 World Fair: during his training Gaudí designed the hydraulic system for the monumental waterfall. Other developments include the Arc de Triomphe and the Columbus monument.

1929 World Fair: Many of its buildings are in Montjuïc and the Plaza de España, such as the Magic Fountain, the Teatre Lliure buildings, the Spanish Village and the Palace of Mies van der Rohe.

1992 Olympics: After 1992, Barcelona changed from being an industrial city to a tourist destination known worldwide. The Olympic

Stadium and the Palau Sant Jordi are two of its most famous facilities.

Époques de changement
BARCELONE ÉVOLUE
Au cours de son histoire la plus récente, Barcelone a vécu des moments de grande transformation. Les trois moments qui ont le plus changé Barcelone sont les expositions universelles de 1888 et de 1929 et les Jeux Olympiques de 1992.

Lors de la première des deux Expositions Universelles tenues à Barcelone, la citadelle militaire devient un parc de la ville : le parc de la Ciudadela.

Exposition Universelle de 1888 : lors de sa préparation, Gaudí conçoit le système hydraulique de la cascade monumentale. D'autres nouveautés sont l'Arc de Triomphe ou le monument à Christophe Colomb.

Exposition Universelle de 1929 : La plupart de ses bâtiments sont à Montjuïc et à la Place d'Espagne, comme la Fontaine Magique, les bâtiments du Teatre Lliure, le Pueblo Español ou le Palais de Mies van der Rohe.

Jeux Olympiques de 1992 : À partir 1992, Barcelone cesse d'être une ville industrielle et devient une destination touristique connue dans le monde entier. Le Stade Olympique et le Palau Sant Jordi sont deux de ses installations les plus célèbres.

Zeiten des Wandels
BARCELONA IM WANDEL DER ZEITEN

In ihrer jüngeren Geschichte hat sich Barcelona sehr entwickelt. Die drei wichtigsten Momente waren die beiden Weltausstellungen von 1888 und 1929 und die Olympischen Spiele von 1992.

Im Zuge der ersten Weltausstellung wurde die Zitadelle der Stadt zu einem Park umgewandelt, dem Parque de la Ciudadela.

Die Weltausstellung von 1888: während der Bauarbeiten schuf Gaudí das hydraulische System der großen Wasserfälle. Andere Neubauten waren der Triumphbogen (Arco de Triumfo) und das Kolumbus-Monument.

Die Weltausstellung von 1929: viele der damals geschaffenen Bauwerke befinden sich am Montjuic und der Plaza de España, wie die Magische Fontäne (Fuente Mágica), die Gebäude des Teatre Lliure, das Spanische Dorf (Pueblo Español) oder der Mies van der Rohe Palast.

Die Olympischen Spiele von 1992: anlässlich der Olympischen Spiele von 1992 machte Barcelona den Schritt von einer Industriestadt zum weltbekannten Tourismuszentrum. Das Olympiastadion und der Palau Sant Jordi sind zwei der bekanntesten Einrichtungen.

Veranderingen
BARCELONA KIJKT VOORUIT

Barcelona is in de recente geschiedenis enorm veranderd. De drie gebeurtenissen die het gezicht van stad het meest hebben veranderd zijn de Universele Wereldtentoonstellingen van 1888 en 1929 en de Olympische Spelen van 1992.

Tijdens de eerste universele wereldtentoonstelling is van de toenmalige citadel een stadspark gemaakt: Het park Ciudadela.

Universele Wereldtentoonstelling van 1888: Tijdens de voorbereidingen ontwierp Gaudí het hydraulische systeem van de fontein met zijn watervalletjes. In die periode zijn ook de Triomfboog en het Columbusmonument gebouwd.

Universele Wereldtentoonstelling van 1929: Er zijn ook veel interessante gebouwen uit deze periode terug te vinden op de Montjuic en rondom het plein Plaza de España zoals de magische fonteinen, de gebouwen van het Teatre Lliure (vrije theater), het Pueblo Español (het Spaanse dorp) of het Paleis van Mies van der Rohe.

Olympische Spelen van 1992: Vanaf 1992 verandert Barcelona van een industriestad in een wereldwijd gerenommeerde toeristische bestemming. Het Olympisch Stadion en het stadion Palau Sant Jordi zijn de bekendste bouwwerken.

Iconos
LOS SÍMBOLOS DE LA CIUDAD
.... **p. 38-39**

Landmarks
SYMBOLS OF THE CITY
Barcelona is known for its many symbols, monuments and beauty spots. When visiting the city, you can choose any of the numerous routes to enjoy all its facets.

The towers of the Sagrada Familia are not the only things that stand out in the city skyline. The Agbar tower, Mapfre towers, the Vela hotel, Montjuic Castle and the Telefónica tower are some of the most representative landmarks of Barcelona.

Walking through the streets you can see the modernist aspect of the city with buildings such as the Palau de la Musica and the Hospital de Sant Pau, Domènech i Muntaner, or Casa Amatller by Puig and Cadafalch.

The so-called Gaudi's Barcelona is one of the attractions of the city with buildings such as La Pedrera (Casa Mila), Casa Batllo, Guell Park and the Sagrada Familia, still under construction.

Barcelona is full of surprises and hidden corners, like the Plaza de Sant Felip Neri, the University Gardens, Botero's cat, the Greek Theatre and the Royal Palace Gardens. These are just a few, but there are many more!

Icônes
LES SYMBOLES DE LA VILLE
Barcelone est connue pour ses nombreux symboles, monuments et recoins. La visite de la ville permet de choisir l'un des nombreux itinéraires pour profiter de tous ses aspects.

Les tours de la Sagrada Familia ne sont pas les seules à se distinguer dans le skyline de la ville. La tour Agbar, les tours Mapfre, l'hôtel Vela, le château de Montjuïc et la tour de Telefónica sont quelques-uns des symboles les plus représentatifs de Barcelone.

Se promener dans ses rues permet de découvrir ses bâtiments d'Art Nouveau catalan tels que le Palau de la Música et l'Hôpital de Sant Pau, Domènech i Muntaner, ou la Casa Amatller de Puig i Cadafalch.

La dénommée Barcelone de Gaudí est l'un des attraits touristiques de la ville avec des bâtiments tels que La Pedrera (Casa Milá), la Casa Batllo, le parc Güell et la Sagrada Familia, encore en construction.

Barcelone est remplie de surprises et de recoins charmants, comme la place de Sant Felip Neri, les jardins de l'Université, le chat de Botero, le Théâtre Grec et les jardins du Palais Royal. Ce ne sont que quelques exemples, mais il y en a bien plus !

Sehenswürdigkeiten
DIE WAHRZEICHEN DER STADT

Barcelona ist bekannt für ihre zahlreichen Wahrzeichen, Monumente und Winkel. Die Stadt bietet eine Vielzahl von Touristik-Routen, um ihre verschiedenen Ansichten kennenzulernen.

Die Türme der Sagrada Familia sind nicht das einzige Wahrzeichen Barcelonas. Der Torre Agbar, die Mapfre-Hochhäuser, das Vela Hotel, das Kastell auf dem Montjuic und das Telefónica-Hochhaus sind andere bekannte Wahrzeichen Barcelonas.

Wer durch Barcelonas Straßen schlendert, der kann die Gebäude des katalanischen Jugendstils erforschen. Wie zum Beispiel den Palau de la Música, das Hospital de Sant Pau von dem Architekten Domènech i Muntaner und auch die Casa Amatller von Puig i Cadafalch.

Das sogenannte Barcelona Gaudís bietet einige der beliebtesten Ausflugsziele der Stadt. Der Architekt Antoni Gaudí schuf die Pedrera (Casa Milà), die Casa Batlló, den Güell-Park und die immer noch im Bau befindliche Sagrada Familia.

Barcelona ist voller Überraschungen und versteckter Winkel, wie die Plaza de Sant Felip Neri, die Gärten der Universität, die Katzenstatue von Botero, das Griechische Theater und die Gärten des Palacio Real. Das sind nur einige Beispiele. Es gibt noch viel mehr!

Iconen
SYMBOLEN VAN DE STAD

Barcelona heeft talrijke symbolen, monumenten en verborgen plekjes. Tijdens een bezoek aan de stad bestaat de mogelijkheid om verschillende routes te volgen waardoor je van alle facetten die de stad te bieden heeft kunt genieten.

De torens van de Sagrada Familia zijn niet het enige wat opvalt van de skyline van de stad. De wolkenkrabbers Agbar en Mapfre, Hotel Vela en het kasteel en de telecommunicatietoren op de Montjuic zijn andere in het oog springende bouwwerken in Barcelona.

Tijdens een wandeling door de straten vallen modernistische gebouwen op zoals het concertgebouw Palau de la Música en het ziekenhuis Hospital de Sant Pau van de architect Domènech i Muntaner, of de Casa Amatller van de architect Puig i Cadafalch.

Vooral Gaudí heeft zijn sporen nagelaten in Barcelona met toeristische trekpleisters als de Pedrera (Casa Milá), Casa Batlló, en het Park Güell of de Sagrada Familia waaraan nog volop wordt gebouwd.

Barcelona blijft verrassen want er zijn steeds weer nieuwe plekken te ontdekken zoals het pleintje Sant Felip Neri, de tuinen van de Universiteit, de kat van de architect Botero, het Griekse Theater of de tuinen van het Koninklijk Paleis. En er is nog zoveel meer op te noemen!

Turismo
PARA TODOS LOS GUSTOS
.... **p. 50-51**

Tourism
FOR ALL TASTES

The reasons for visiting Barcelona can be very different, so there are many types of tourism. From package tours to backpacking tourism. All types of tourism are welcomed by the city.

For tourists with cultural interests, besides its many museums, the city has hundreds of routes prepared: those who want to know more about modernism can begin in the Guell Park and then visit the city's other Modernist buildings.

Some choose tourism based on novels. For example, fans of the bestseller The Shadow of the Wind can walk the streets and settings in which the story takes place.

Some choose party, beach and beach bar tourism, as the city's climate is very pleasant and the range of restaurants, bars and clubs is enormous.

Others come to the city for work. In recent years, Barcelona has specialized in hosting large conferences such as the World Mobile Congress, which annually attracts more than 90,000 visitors in just four days.

Tourisme
POUR TOUS LES GOÛTS

Les raisons de visiter Barcelone peuvent être très différentes, c'est pourquoi il existe une grande variété de tourisme. Du tourisme d'excursions organisées au tourisme de routard. Tous les types de tourisme sont bien reçus dans la ville.

Pour les touristes attirés par la culture, en plus des nombreux musées, la ville offre des centaines d'itinéraires : quiconque veut en savoir davantage sur l'Art Nouveau catalan peut commencer par le Parc Güell puis visiter d'autres bâtiments de ce style dans la ville.

Certains choisissent le tourisme fondé sur la littérature. Par exemple, les fans du best-seller *L'Ombre du vent* peuvent parcourir les rues et les scènes où se déroule l'histoire.

Certains choisissent le tourisme de fête, de plage et de buvette, vu que le climat de la ville est agréable et l'offre de restaurants, bars et discothèques est énorme.

D'autres viennent à cette ville pour y travailler. Au cours des dernières années, Barcelone s'est spécialisée dans l'organisation de grands congrès, comme le Mobile World Congress, qui attire chaque année plus de 90 000 visiteurs en quatre jours seulement.

Tourismus
FÜR ALLE GESCHMÄCKER
Es gibt viele Gründe, Barcelona zu besuchen. Deswegen ist das Touristik-Angebot ebenso vielfältig. Von organisierten Fahrten bis hin zum Rucksacktourismus, alle Arten des Tourismus sind in Barcelona gerne willkommen.

Für die Touristen mit kulturellem Interesse gibt es neben den Museen verschiedene Stadtrouten: Wer mehr über den katalanischen Jugendstil wissen will, der kann im Güell-Park anfangen und danach die verschiedenen Jugendstil-Gebäude besuchen.

Literatur-Fans haben auch ihre Routen. So kann man zum Beispiel die Orte besuchen, an denen die Handlung des Bestsellers Der Schatten des Windes spielt.

Andere entscheiden sich für einen Tourismus der Fiesta, mit Strand und Strandbar, denn das Klima der Stadt ist immer angenehm, und das Angebot an Restaurants, Bars und Diskotheken ist enorm.

Wieder Andere kommen beruflich nach Barcelona. In den letzten Jahren hat Barcelona sich auf die Ausrichtung von Kongressen spezialisiert, wie etwa den Mobile World Congress, der innerhalb seiner vier Tage jedes Jahr mehr als 90000 Besucher anzieht.

Toerisme
VOOR IEDER WAT WILS
Er zijn honderden redenen om Barcelona aan te doen. Daarom zijn er zoveel verschillende soorten toerisme: van georganiseerde reizen tot backpacking. Er is voor ieder wat wils in de stad.

Voor toeristen met een voorkeur voor cultuur zijn er naast de vele musea ook heel veel routes te volgen: voor liefhebbers van het modernisme is het Park Güell een goede plek om te beginnen en om daarvandaan te wandelen naar de overige modernistische gebouwen die de stad rijk is.

Weer anderen hebben een voorkeur voor toerisme gebaseerd op historische romans. De fans van de bestseller De schaduw van de Wind kunnen een wandeling maken door de straten en plekken waar het verhaal zich afspeelt.

Dan zijn er ook nog de liefhebbers van uitgaan, zee en strandtentjes want het klimaat van de stad leent zich hier uitstekend voor en het aanbod aan restaurants, barretjes en discotheken is enorm.

Sommigen gaan voor hun werk naar de stad. De laatste tijd heeft Barcelona zich toegelegd op het organiseren van grote congressen zoals het World Mobile Congress dat ieder jaar meer dan 90000 bezoekers trekt in slechts vier dagen tijd.

¡Comparte tus fotos y vídeos de la ciudad!
#undiaenbarcelona

¿Quieres leer más?